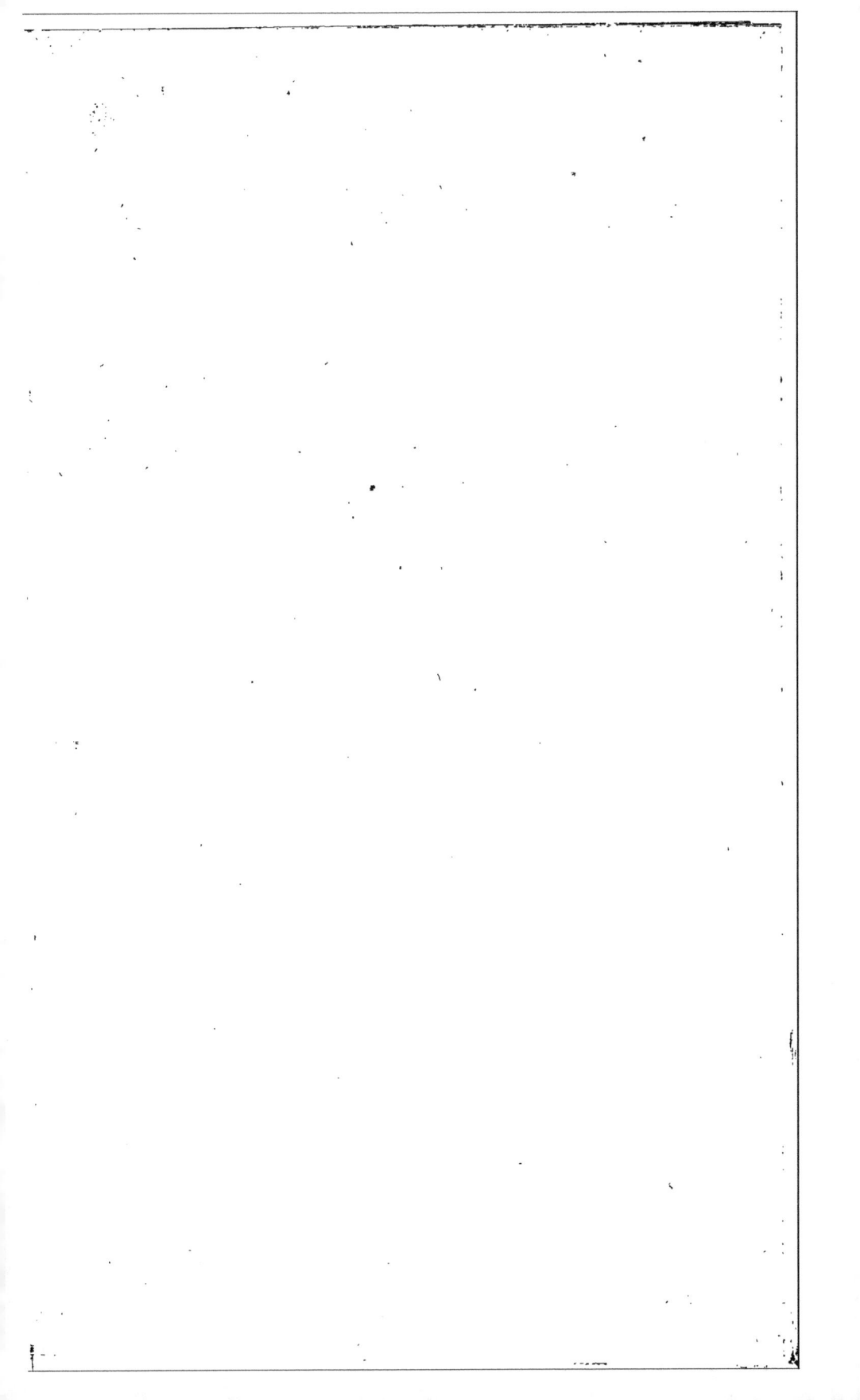

$Lk^7/770$

LETTRES

SUR LA VALLÉE

DE

BARCELONNETTE,

ADRESSÉES A MADAME ★ ★ ★

Par M. FRÉMONT-GARNIER,

INSPECTEUR DES CONTRIBUTIONS DIRECTES ET DU
CADASTRE DU DÉPARTEMENT DES BASSES-ALPES.

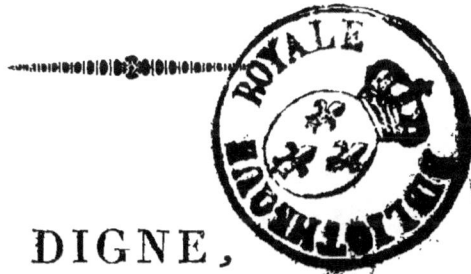

DIGNE,

CHEZ A. GUICHARD, IMPRIMEUR-LIBRAIRE
DE LA PRÉFECTURE.

1822.

AVERTISSEMENT.

CES trois lettres sur la Vallée de Barcelonnette ont été adressées, dans le mois de juillet 1821, à une dame qui, dans le monde littéraire, compte plusieurs correspondans. La dernière a paru dans le recueil périodique des *Lettres Champenoises* : Quelques saines réflexions ont empêché l'insertion des deux autres qui, chargées de détails descriptifs, n'offrent guères qu'un intérêt de localité, et qui, par conséquent, auraient pû être indigestes pour la plupart des lecteurs dont l'appétit littéraire exige une tout-autre nourriture. D'ailleurs, les Alpes ont inspiré tant de peintres, que les tableaux ne manquent pas. La Vallée de Barcelonnette a eu particulièrement ses observateurs : M. le Comte de Villeneuve-Bargemont, Préfet des Bouches-du-Rhône, dans son *Voyage*, l'a vue en administrateur, et l'a décrite en homme de lettres : M. Henry, dans ses *Recherches sur la géographie ancienne et les antiquités du Département des Basses-Alpes*, l'a étudiée en archéologue et en antiquaire. A mon tour, je l'ai visitée en amateur ; et je n'ai voulu, en composant mes lettres, que me rappeler mes observations, et me rendre compte des impressions que j'avais éprouvées. On sent que je ne puis avoir la prétention d'avoir fait un ouvrage : je suis loin d'avoir tout dit sur cette petite contrée intéressante dont un examen approfondi pourrait fournir à l'observateur, et surtout au naturaliste, matière à plus d'un volume. En écrivant à une dame, j'ai dû nécessairement me renfermer dans un cercle très-étroit, et ne parler que des principaux objets qui frappent le voyageur. Si aujourd'hui, faibles qu'elles sont, j'offre mes lettres aux habitans de la Vallée, (car c'est pour eux seuls que je les livre à l'impression), c'est dans l'espérance, qu'en raison de la fidélité des détails, ils verront ma légère esquisse, avec ce sentiment d'intérêt et de plaisir qu'on éprouve, à la vue du portrait des personnes que l'on connaît. Le mérite de la ressemblance les rendra sans doute indulgens sur les fautes du coloris.

LA VALLÉE
DE BARCELONNETTE.

PREMIÈRE LETTRE.

———

Sans doute, Madame, vous n'avez pas
oublié les quinze jours que j'ai passés chez
vous, l'été dernier, à Arcis-sur-Aube, pendant lesquels, pour suppléer à l'absence
des mélodrames, de la fantasmagorie, des
tours de force et des animaux savans qui
font tant d'heureux dans votre petite ville,
lorsque le hasard y amène des comédiens,
des escamoteurs ou des bateleurs ambu-
lans, nous allions, avec vos enfans, en-
tendre l'orgue de barbarie, ou voir la lan-
terne magique et la petite marmotte en vie.
Vous vous rappelez le plaisir que vous aviez
à causer avec ces pauvres gens qui nous
amusaient à si peu de frais, et qui vous

semblaient venir exprès du bout du monde,
pour vous distraire de ces longs ennuis
qu'on éprouve si souvent en province.
Votre surprise, je m'en souviens, se re-
nouvellait chaque jour, en apprenant qu'ils
étaient presque tous de la Vallée de Barcelonnette. Quelle est donc, disiez vous,
certe Vallée dont le nom, ainsi que les
habitans, circule dans toute la France, et
qui, tous les ans, nous envoye non seulement des orgues, des vielles, des lanter-
nes magiques et des marmottes, mais encore tous ces petits colporteurs, Bias com-
merçans, qui nous vendent des almanachs,
des lacets, des aiguilles, et dont toute la
pacotille ne vaut pas cinquante francs?

Les questions sont un commencement
d'étude, et grâce à votre humeur ques-
tionneuse, vous savez déjà que la Vallée
de Barcelonnette à laquelle vous portez un
si grand intérêt, est à deux cents lieues de
Paris, située au milieu des Alpes, et couverte de précipices, de torrens, de glaces
et de neiges. Mais vous ne savez que cela,
et vous n'en sauriez pas davantage, quand
vous auriez vu à Paris le vaudeville de *La*

Vallée de Barcelonnette , petit tableau de genre fait en l'honneur du Maréchal de Catinat qui figure sur le premier plan , mais où les couleurs locales ne sont pas mieux observées que dans *Les habitans des Landes* , et dans vingt autres caricatures provinciales offertes aux regards des Parisiens qui s'occupent peu de la fidélité des traits, et qui les trouvent toujours parfaits, pourvu qu'ils soient plaisans.

Transporté par ma destinée ambulante dans cette contrée si connue de nom , si ignorée de fait , je puis et je vais vous donner quelques détails qui formeront le complément de ce que vous devez savoir sur ce petit point terrestre. Je vous écris donc de la Vallée de Barcelonnette ; mais je ne sais quand vous parviendront mes lettres : j'en chargerai un petit montagnard qui part, dans quelques jours , pour rejoindre son père , et qui m'a bien promis d'être à Arcis dans six ou sept semaines. Il vous portera mes lettres dans sa boîte à marmotte : ne soyez donc pas surprise si elles ont une odeur du terroir.

Vous avez vu , Madame , des tableaux

représentant des tempêtes marines. Je crois
même que vous avez, dans votre salon, la
belle gravure de Balléchou, d'après Vernet.
Regardez-là : voyez cette mer agitée et
comme soulevée tout-entière par un mou-
vement souterrain : voyez ces vagues écu-
mantes, élevant leurs voûtes inégales à
une hauteur prodigieuse, et tellement
pressées les unes contre les autres, qu'un
vaisseau qui se trouverait entre elles serait
infailliblement submergé. Eh bien ! Madame,
ces vagues, ces montagnes liquides, dans
l'état d'immobilité où vous les voyez sur la
gravure, peuvent vous donner une idée
assez juste de la structure et de la physionomie des Alpes. Leur chaîne se compose
d'une multitude d'éminences tantôt arron-
dies, tantôt irrégulières ; tantôt escarpées
et coupées à pic, tantôt inclinées et con-
tournées moins brusquement ; toutes plus
ou moins élevées, et tellement rapprochées
qu'on trouverait à peine, dans leurs inter-
valles, un demi-arpent de terrain qui ne
présente une déclivité très-sensible. La
plupart de ces montagnes ou schisteuses ou
calcaires qui, dans leur désordre, semblent

être

être sorties hier du chaos, et qui, pour toute végétation, offrent quelques touffes de buis, quelques ronces éparses que se disputent les chèvres vagabondes, ont leurs flancs sillonnés par de longues crévasses, déchirés par de larges ravins qui rendent encore plus affreux l'affreux aspect de leur nudité. Source de malheurs au temps des grandes pluies ou de la fonte des neiges, les ravines, dans leur course impétueuse, bouleversent, emportent les terres voisines, entraînent des pierres et des rocs énormes, et vont enfler, de leurs tristes conquêtes et de leurs eaux noirâtres, le torrent de la vallée qui, à son tour, roulant avec un fracas épouvantable, répand, au loin, ses flots et ses graviers dévastateurs. Malheur, alors, malheur au voyageur qui se trouve surpris entre le torrent et les ravines qui deviennent elles-mêmes de nouveaux torrens! Tout-à-l'heure, il suivait avec sécurité le chemin incertain tracé sur le gravier; mais l'orage a commencé; la pluie tombe en abondance: l'imprudent hâte sa marche, il espère arriver..... Hélas! il voit grossir, s'avancer le torrent..... Il fuit, il

veut fuir..... il n'est plus temps..... Les flots
l'ont atteint : il est renversé, il est englouti !
Envain , pour prévenir les irruptions et les
ravages du torrent , on lui oppose des
gabions et de faibles digues : barrières im-
puissantes ! rien ne résiste à ce tyran de la
vallée. Ce n'est que dans les lieux où il est
contenu par des rochers escarpés , qu'il se
trouve comme enchaîné et réduit à mugir
dans son lit.

Ce que je viens de dire s'applique presque généralement à toutes les vallées qui
sont dans les Alpes ; mais je ne dois parler
ici que de celle de Barcelonnette qui , dans
sa partie basse , offre les mêmes effets.

Elle commence aux lieux où la Durance
reçoit les eaux de l'Ubaye , petite rivière ou
grand torrent qui traverse toute la vallée
dans une étendue de quatorze à quinze
lieues. Nous allons remonter le cours de
cette rivière , et , pour me servir de l'expression locale , *monter* à Barcelonnette ;
car , dans cette contrée éminemment montueuse , on ne dit pas aller , mais *monter* ,
descendre à telle ville , à tel endroit.

Je laisse deux ou trois villages de côté ,

et me voici au Château fort de St-Vincent,
place de première ligne, qui a un Commandant et une garnison composée de
vingt-cinq vétérans, mais dont la défense
pourrait être réduite au moyen économi-
que indiqué par Chapelle et Bachaumont,
pour celle du Château de Notre-Dame de
la Garde, à Marseille :

> Gouvernement commode et beau
> A qui suffit, pour toute garde,
> Un Suisse avec sa hallebarde
> Peint sur la porte du Château.

Quoique je *monte* à Barcelonnette, il me
faut d'abord descendre, pendant une de-
mi-heure, une des plus rudes côtes que je
connaisse. Enfin, me voilà au bas, et,
après quelques détours, j'entre dans la
vallée. J'entends gronder, je vois bouil-
lonner l'Ubaye qui roule sous mes pieds;
car ici la vallée est si rétrécie, qu'il n'y a
place que pour la rivière. Le chemin sinueux
ou plutôt le sentier est taillé sur la pente
de la montagne, et est tellement étroit,
qu'un faux pas ou la moindre distraction
pourraient me faire tomber dans le précipice. Je suis cependant sur une grande

route , sur une route départementale ;
mais la frontière n'est pas loin ; et il ne
convient pas que dans les Alpes , qui sont
le boulevard de la France contre l'Italie,
les chemins soient aussi larges et aussi faci-
les que le boulevard des Italiens , à Paris.
Aussi le Génie militaire a-t-il soin de faire
rétrécir ces *grandes* routes ; lorsque la
fréquentation leur a donné une largeur au-
delà de trois pieds environ. Grâce à ces
précautions, l'artillerie Piémontaise ne peut
pénétrer , et Monsieur le Commandant du
Château de St-Vincent est à-peu-près sûr
de dormir tranquille. Ainsi vous voyez ,
Madame , que , dans ce meilleur des mon-
des possibles , tout est pour le mieux.

　　Cependant le docteur Pangloss lui-même
aurait peut-être abjuré son sec et froid
optimisme , en voyant , de l'autre côté de
l'Ubaye , cette longue et haute montagne
dont le flanc presque vertical est , en partie ,
soumis à la culture. Je retrouve ici ce spectacle dont parle Rousseau dans son admi-
rable description du Valais : *Un mélange*
étonnant de la nature sauvage et de la na-
ture cultivée montrait partout la main des

hommes où l'on eut cru qu'ils n'avaient
jamais pénétré. Je cherche en vain le sentier
qui conduit à ces champs dont les terres
sont retenues par des petits murs d'appui,
et qui sont là comme des tapis de verdure
attachés à une grande muraille. Ce sentier
échappe à ma vue, et je demeure saisi
d'étonnement et de pitié, en voyant quels
dangers menacent les infortunés qui solli-
citent leur nourriture d'un sol aussi rebelle,
et qui, tous les jours, exposent leur vie
pour en assurer le soutien !

Hélas ! Madame, il n'est plus ce temps
heureux chanté par Ovide, ce beau siècle
d'or, où

  La terre vierge encor, fertile sans culture,
  Du soc qui la déchire ignorait la blessure.

Ce n'est maintenant qu'au prix de sa
sueur que l'homme obtient d'une terre
souvent avare l'aliment nécessaire pour sa
subsistance et celle de sa nombreuse famille.
Vous voyez avec quels efforts les habitans
de cette contrée exploitent le sol nourri-
cier : eh bien ! leurs soins, leurs fatigues,
leurs périls n'auront peut-être servi à rien !
Une avalanche, une ravine, un orage,

une grêle , une averse , un éboulement
peuvent , en quelques minutes , détruire
leurs travaux et leur espérance. La récolte
sera arrachée ; les murs de soutenement
seront renversés ; la terre végétale sera dé-
placée , entraînée, et il faudra la remonter , à dos , du bas de la montagne , pour
lui confier de nouvelles semences qui peut-
être éprouveront le même sort !

Voilà le tableau déchirant que présentent
trop souvent ces montagnes. Je ne veux
pas y arrêter votre pensée , et pour la reposer , je l'appelle sur ces mêmes montagnes qui , dans la belle saison et sous un
ciel pur, présentent l'aspect le plus pittoresque et le plus intéressant. Aussi bien , tout
en marchant , j'arrive au lieu dit *le Tour-*
niquet , qui offre un des plus beaux points
de vue de la vallée.

Là , est un pont rustique construit , non
sur l'Ubaye, mais sur un autre torrent qui se
précipitant du haut de la montagne , et se
frayant un brusque passage à travers les
arbres et les rochers, vient , avec bruit,
mêler ses eaux aux eaux du grand torrent
de la vallée. Je ne vois pas encore sa chute ;

mais je l'entends. Le chemin très-incliné,
mais jusqu'alors assez direct se creuse dans
une enceinte profonde ; et c'est là qu'appa-
raissent tout-à-coup le torrent et le pont de
bois qui le traverse et se prolonge en tro-
toirs ou balcons soutenus sur des arcades,
et acotés au rocher circulaire. Je suspends
ma marche, arrêté par le spectacle qui
s'offre à mes regards. Sur ma tête, des
forêts immenses où domine l'élégant mélèze, honneur de ces contrées qu'il enrichi-
rait, si n'étaient les obstacles qui s'oppo-
sent à son exploitation. A gauche, le chemin que je viens de quitter, et où j'apperçois, au loin, des caravanes de mulets dont
j'entends les nombreuses sonnettes. A droite, un rocher escarpé sur lequel est taillé
en zigzag formant lacet, le chemin que je
vais prendre, espèce d'escalier sans rampe
dont les brusques retours se répètent vingt
fois. Devant moi et de l'autre côté de
l'Ubaye, la montagne élevée dont je vous
ai déjà parlé, mais présentant ici une
chute moins rapide et même quelques
plateaux en amphithéâtre sur lesquels sont
des habitations qui se dessinant irréguliè-

rement au milieu des arbres, des champs, des vignes et des parties de terrain non cultivables , composent le paysage le plus varié et le plus agréable ; mais il reçoit surtout son charme des eaux qui sourdent sur divers points de la montagne. Sur la hauteur, j'apperçois une infinité de filons argentés et brillans dont la fluide mobilité est presque imperceptible. Ils semblent se réunir et se perdre dans le sein de la terre ; mais je les retrouve roulant en abondance dans les crévasses de la montagne qui, dans sa partie inférieure , a conservé toute son aspérité perpendiculaire. Ils en sortent , ils y rentrent , et en jaillissent encore , pour retomber en jets , en nappes, en cascades dans l'Ubaye , récipient commun de toutes les eaux de la vallée.

Ici, comme dans toutes les Alpes , les eaux jouent un très grand rôle. Par fois élément de destruction , toujours source de bienfaits , on les dirige en canaux d'arrosage qui vont porter la fécondité dans des terrains maigres et appauvris par de longues sécheresses. Le soleil et l'eau : voilà les besoins , les souhaits alternatifs des agriculteurs.

culteurs. Ce n'est qu'à eux qu'il devrait être permis de parler, à tout bout de champ, *de la pluie et du beau temps.*

Je n'ai encore fait qu'une lieue, Madame; mais elle est longue : c'est ce qu'on appelle une lieue de pays. Vous concevez qu'ici l'on ne connait ni poste, ni par conséquent lieue de poste. Au reste, je ne prétends pas vous arrêter à tous les sites qui frappent et intéressent le voyageur. Dans les Alpes, la scène change promptement. On ne marche pas long-temps sans voir de nouveaux acci-dens et de nouveaux tableaux. Je m'en tiens aujourd'hui aux échantillons que je viens de vous donner, et je poursuis ma route, sans vous parler du village du Lauzet, malgré son titre de chef-lieu de canton, et malgré la réputation de son lac où l'on pêche, dit-on, des carpes d'une grosseur et d'un poids incroyables, et dont je n'ai jamais mangé que des espèces de goujons. Je ne vous parlerais pas davan-tage du village de Méolans, malgré sa po-sition pittoresque et montagneuse qui, pendant trois mois, le prive de la vue et de la chaleur du soleil, si ce village ne

3

m'offrait une nouvelle preuve de l'inépui-
sable bienfaisance de nos Bourbons.

L'église de Méolans était dans un état de
dégradation qui bientôt allait en proscrire
l'usage. Les habitans, tous pauvres, ne
pouvaient satisfaire aux dépenses que né-
cessitait sa réparation. Comment faire ? Ils
conçoivent l'heureuse idée de s'adresser à
S. A. R. Madame la Duchesse d'Angoulême,
et de lui faire connaître leurs besoins et
leur triste position. Mais la lettre parvien-
dra-t-elle à sa destination ? Quel en sera le
résultat ? Nul, sans doute. Néanmoins, la
lettre est écrite ; elle est partie : on n'ose
rien espérer. Jugez, Madame, quelles
furent la surprise et la joie de ces bonnes
gens qui avaient été si bien inspirés, lorsque, peu de temps après, ils reçurent de la
pieuse et bonne Princesse la somme de
quinze cents francs pour être employée à
la restauration de l'église. Elle fut bientôt
réparée, et les premiers chants dont reten-
tirent ses voûtes, furent des chants d'amour
et de reconnaissance pour l'ange tutélaire
à qui l'on devait le rétablissement de l'autel
sacré. Ainsi parviennent, et sur une simple

demande, les bienfaits de l'Auguste Famille jusqu'au fond des Alpes, dans un petit village inconnu. Ainsi se découvrent, tous les jours et en tous lieux, les marques de leur royale bonté. Vous voyez; dis-je au maire, qui, après m'avoir raconté ce trait touchant, m'exprimait le bonheur et la reconnaissance des habitans, vous voyez que *le soleil luit pour tout le monde.* » Je » vous entends, me répondit-il; mais con- » venez que, pour que l'on pût nous appli- » quer ce proverbe, nous avions grand » besoin que les Bourbons revinssent. »

Rien n'abrège, rien ne charme un voyage comme des pensées agréables qui, s'empa-rant de notre imagination et se succédant immédiatement, nous accompagnent pen-dant toute la route. Je l'éprouvai, en par-tant de Méolans. Il ne fallait pas moins que le plaisir de penser aux vertus, aux aima-bles qualités des Bourbons, pour dissiper promptement la tristesse qu'inspire la vue du village des Tuiles, dont une partie du territoire a disparu par l'envahissement des torrens. Il ne fallait pas moins que cette douce préoccupation, pour me distraire

de la fatigue et de l'ennui du chemin de
Méolans à Barcelonnette, où j'arrive enfin ,
après avoir , pendant deux grandes heures,
marché sur un lit de graviers apportés par
les torrens de la vallée qui s'élargit , à
mesure que l'on approche de la ville.

Me voici donc à Barcelonnette , capitale
de la vallée à qui elle donne son nom , et
chef-lieu d'un arrondissement des Basses-
Alpes , qui se compose de vingt communes
seulement , mais qui compte plus de deux
cents hameaux dispersés sur les montagnes.

Il vous importe peu , Madame , de savoir
si cette petite ville , qui ne compte pas
plus de deux mille habitans , est bien celle
que les archéologues prétendent avoir été
la cité de Sales , capitale du pays des
Salyens et des Esubiens , ou habitans des
bords de l'Ubaye (*Esubia*), et si elle doit
réellement son nom moderne à Raymond
Berenger , comte de Provence , qui la fit re-
bâtir en 1231 , et qui, en la baptisant, voulut,
dit-on, consacrer le souvenir de Barcelone ,
en Espagne , d'où ses ancêtres étaient ori-
ginaires. Il vous suffira de savoir que Barcelonnette , dont la position entre deux Etats

continuellement en guerre rendait la pos-
session très-importante , et qui , par cette
raison , fut souvent le but et le théâtre des
combats , a été , plusieurs fois , prise , re-
prise , pillée , ravagée et incendiée par les
combattans , et qu'après avoir , pendant
deux ou trois siècles , mais non sans in-
terruption , fait partie des Etats des Ducs
de Savoie , elle fut enfin , par le traité
d'Utrecht , détachée du Piémont et réunie
définitivement à la France.

Voilà , Madame , tout ce que je vous
dirai sur l'histoire ancienne de Barcelonnette. Je pourrais m'étendre bien davantage , et , remontant jusqu'aux temps des
Césars et des Druides qu'on retrouve partout , dérouler à vos yeux les trésors d'une
impertinente érudition. Mais outre l'ennui
de me lire , je veux vous sauver les épithè-
tes désobligeantes qu'en votre absence on
vous adresse , je le sais , dans les sociétés
d'Arcis-sur-Aube , où l'on fait les plaisan-
teries du meilleur goût sur les notices sa-
vantes, et surtout sur les citations latines
dont vous régalent parfois vos correspondans. Laissons donc là l'érudition et le

latin ; et passons à la Barcelonnette moderne qui , grâce aux divers incendies
qu'elle a éprouvés , et notamment au dernier qui , en 1761 , consuma une centaine
de maisons , est presque entiérement bâtie
à neuf , et présente maintenant une petite
ville bien construite , bien alignée et assez
jolie ; chose rare dans les Alpes. Ce qui l'est
encore plus , et ce qui en fait une petite
merveille , dans ces contrées où les villes
et villages participent de la disposition
montueuse du sol, c'est qu'elle est assise
sur un terrain uni , et n'a point de rues ,
en forme d'escalier , ni des maisons adossées
à des rocs , et dans lesquelles on entre de
plain-pied , d'un côté dans la cave , et de
l'autre dans le grenier. Cela ne l'empêche pas
d'avoir , comme les autres villes et villages ,
plusieurs fontaines qui ornent ses petites
places et lui fournissent abondamment de
l'eau , lors même que les glaces de l'hiver
ont arrêté le cours des rivières ou torrens
qui l'environnent. Dans presque toutes les
rues , les façades des maisons sont soute-
nues sur des arcades de pierre : ce qui leur
donne quelque ressemblance , non avec le

Palais royal ou la rue de Rivoli , mais avec ce qu'on appelle , à Paris , les piliers des halles. Cela n'est pas plus gai que les carreaux de papier huilé qui garnissent la plupart des fenêtres ; mais ces communications abritées sont indispensables dans une ville dont les rues sont , pendant six mois , couvertes d'un pied de glace , et au milieu desquelles on relève la neige en mur tellement haut , que les passans ne peuvent se voir d'un côté à l'autre.

Permettez-moi , Madame , de prendre quelque repos dans la capitale des Esubiens. Demain , en véritable observateur , je continuerai pédestrement mon voyage dans la partie haute de la vallée , qui diffère entièrement de celle que je viens de parcourir , et qui présente des tableaux beaucoup plus rians.

DEUXIÈME LETTRE.

IL me semble, Madame, que, dans ma précédente lettre, j'ai dit sur Barcelonnette tout ce que, raisonnablement, il était possible de dire. Eh bien ! croiriez vous qu'un habitant de cette ville, à qui j'ai eu l'indiscrétion de montrer la lettre que je vous écrivais, a trouvé ma description beaucoup trop courte et beaucoup trop avare de louanges ? En effet, je vous ai fait grâce de mille petits détails dont on a voulu me démontrer l'importance, mais qui, en vérité, ne seraient pour vous d'aucun intérêt. Vous savez avec quelle verbeuse faconde les citadins de la province parlent de l'illustration de leur petite ville, de ses antiquités, de ses monumens, de ses remparts, de ses promenades, et de l'agrément de son climat, de son site et de ses sociétés. Un amant qui parlerait de sa maîtresse ne s'étendrait pas avec plus de complaisance sur tous ses mérites. Je ne sais cependant si je dois louer ou blamer cet engoûment local

local qui constitue à peu près tout notre
esprit national. Est-on chez l'étranger ? on
célèbre le beau pays de France ; est-on à
Paris ? on ne parle plus que de sa province ;
dans la province, on cite sa petite ville ;
dans celle-ci, on vante sa maison, et dans
sa maison, c'est soi seul qu'on apprécie.
Ainsi, de degré en degré, nous parcourons
toute l'échelle de l'amour personnel ; et cet
esprit national, qui a fait tant de héros et
dont on nous parle tous les jours, dégénère
chez la plupart des hommes, et va se perdre dans l'abyme du plus profond égoïsme.
Le *MOI* est le point de départ et de retour
de toutes nos idées patriotiques. C'est le
pivot central, autour duquel s'agitent tous
nos sentimens, toutes nos affections. Un
malheur survenu dans notre pays, mais à
vingt lieues de nous, ne nous touche guères plus que s'il fut arrivé dans les îles du
Cap Vert ou dans l'empire du Japon. Mais
revenons à Barcelonnette dont me voilà
un peu éloigné.

Je ne vous ai point parlé de ses antiquités, de ses monumens, de ses remparts,
parce qu'à Barcelonnette, il n'y a ni rem-

voyez que, dans mon silence, j'avais de
bonnes raisons. Je n'ai pas non plus vanté
ses promenades, parce qu'il n'y en a pas
d'autres que les chemins qui conduisent à
la ville ; mais je conviens et j'aurais dû dire
que sa position est très-heureuse, et que,
pendant l'été, ses alentours présentent une
campagne fort agréable. J'espère que cette
concession satisfera les habitans de Barcelonnette dont je ne prétends, en aucune
manière, froisser les petits intérêts.

Mais est-ce donc pour vous renfermer
dans l'enceinte d'une petite ville, que je
vous appelle dans les Alpes ? Quittons ses
murs, et allons jouir d'un spectacle bien
moins monotone, bien autrement intéressant ; celui d'une nature riche en contrastes, en tableaux et même en produits.

Je vous ai dit, dans ma première lettre,
que la vallée s'agrandissait aux environs de
Barcelonnette. En effet, je suis dans un
vallon qui a près d'une demi-lieue de largeur, dont une partie, il est vrai, est
occupée par les graviers des inévitables
torrens. Je vais monter dans la partie supé-

rieure de la vallée, que l'on appelle *Les Châteaux-hauts*, comme on appelle *Les Châteaux-bas*, la partie inférieure que je vous ai fait connaître. Après avoir traversé les plaines cultivées qui entourent le joli village de Faucon, j'arrive au village plus joli encore de Jausiers, dont les maisons bien bâties et couvertes en ardoises ont un air d'aisance qui rappelle les beaux villages de Normandie. Je ne me croirais plus dans les Alpes, si je ne voyais, à la circonférence du vallon, des montagnes élevées qui, à l'exception de quelques pics arides aperçus dans le lointain, présentent l'aspect le plus riant et la culture la plus variée. Quel tableau délicieux que celui de cette colline qui avoisine le village, et qui, doucement inclinée, est couverte, à mi-côte, de hameaux bien bâtis, heureusement grouppés, entourés de vergers, de champs, de prés, de haies vives, et surmontés de belles forêts de mélèze ! Je crois voir la Déesse de l'Agriculture ornée de ses attributs et ayant sur sa tête une couronne de feuillage. Le paysage s'est toujours embelli depuis que j'ai quitté Barcelonnette ; mais

dans les pays de montagnes les contrastes
se succèdent rapidement. Je laisse Jausiers
derrière moi, et bientôt la vallée se rétré-
cit : les rochers se rapprochent, et me
voilà encore avec l'Ubaye, dans un défilé
qui heureusement n'est pas très-long, et
qui me conduit aux villages pittoresques de
Châtelard et de la Condamine dont je re-
commande les noms à votre souvenir. C'est
de là principalement que sortent tous ces
porteurs d'orgues dites *de Barbarie*, sans
doute parce qu'elles devaient un jour écor-
cher nos oreilles, en mutilant indignement
l'ouverture de *la Caravane du Caire*,
mais qui, dans le fond, n'auraient rien de
barbare, si elles étaient bien montées et
bien accordées : ce qui n'est pas.

Vous connaissez, Madame, l'histoire de
cet âne qui, par une sotte indécision, se
laissa mourir de faim entre deux paniers
remplis de son. Comparaison à part, je
n'aurai pas la cruauté de vous laisser mourir
d'ennui, en vous arrêtant à l'endroit, d'ailleurs fort laid, où la vallée de Barcelonnette se divise en deux embranchemens et
présente deux chemins. Si vous étiez une
Amazone, une chevalière d'Eon, d'équi-

voque mémoire , nous prendrions à gauche , et , en nous dirigeant sur le village de
St-Paul , je vous expliquerais , ou plutôt
vous m'expliqueriez les avantages de l'an-
cien camp de Tournus , (1) célèbre position
militaire , toujours visitée et toujours admi-
rée par les gens du métier qui voyagent
dans la vallée ; mais fidèle aux douces ha-
bitudes de votre sexe , vous fuyez tout ce
qui rappelle la guerre et ses funestes exploits.
Eh bien ! Madame , laissons là le côté gauche et les tristes souvenirs d'une gloire
meurtrière ; et marchons vers la droite ,
où nous trouverons des idées de paix , de
repos et de bonheur.

_____

(1) On montre aux étrangers , dans une maison
du village de Tournus , la chambre où se tua de
désespoir , après une défaite , un officier supé-
rieur de l'armée du Comte de Belle-Isle ; bien
différent , en cet excès , du Maréchal de Catinat,
dont le nom cher à l'humanité et à la philosophie
retentit encore dans la vallée , et qui , le lende-
main d'une victoire , étant surpris jouant à la
boule par des officiers généraux qui lui en témoi-
gnaient leur étonnement , leur dit : *Messieurs,
m'en estimeriez-vous moins , si vous m'y voyez
jouer , après avoir perdu la bataille ?*

Ce n'est plus l'Ubaye que nous suivons : elle est allée baigner les murs des vieilles redoutes de Tournus. Nous voilà maintenant avec son diminutif, l'Ubayette, qui a aussi ses rocs et ses cascades bruyantes, mais qui du moins ne se rend coupable d'aucuns dégâts, grâce à l'inflexion du terrain qui la borde.

Nous approchons de la frontière : il ne nous reste plus à voir que deux villages, ceux de Meyronnes et de Larche. Je traverse le premier, et, par un chemin facile et agréable, j'arrive bientôt au second. Je retrouve sur toutes les maisons de ces villages et des hameaux qui en dépendent, ces cadrans solaires dont la multiplicité m'avait déjà surpris dans ma route. Telle maison en présente sur chacune de ses expositions. Là, brille, au milieu des rayons du soleil, le génie du curé du lieu, créateur de toutes ces devises latines ou françaises, en vers ou en prose, bonnes ou mauvaises, dont la lecture est une petite distraction pour le voyageur. Mais ce qui l'intéresse et le satisfait bien davantage, ce sont ces coteaux entièrement cultivés ; ce sont ces

habitations vastes, commodes et bien cons-
truites ; c'est cet air d'aisance et de bien-
être que j'ai déjà remarqué depuis mon
départ de Barcelonnette, et qu'on ne voit
pas dans la partie basse de la vallée. Ici,
le climat est plus froid ; mais le sol est moins
ardu et moins exposé au ravage des torrens.
Ici, la neige couvre la terre une grande
partie de l'année, et par conséquent, on
ne peut la soumettre à toutes ces petites
cultures successives auxquelles se livre l'in-
dustrie agricole ; mais ici, plus qu'ailleurs,
se trouvent ces prairies, ces pâturages
abondans qui résistent à la malignité du
froid, et sur-tout ces belles *Montagnes
pastorales*, richesse de la contrée, et dont
il faut bien que je vous dise un mot.

Lorsqu'on voit ces hautes montagnes
dont la cime se termine par des rochers
nuds et dépouillés de toute végétation, on
croit qu'il n'y a plus rien au-delà, et qu'arrivé au sommet, il ne reste plus qu'à descendre. Il n'en est pas ainsi ; la nature se
plait quelquefois à cacher ses richesses, et
à ménager aux regards humains des agréables surprises. On gravit ces montagnes ;

on est impatient de plonger ses regards
inquiets dans les abymes que, sans doute,
va présenter leur revers : on arrive, et l'on
est tout surpris de voir des plateaux immenses, couverts d'un gazon dont la verdure égale celle des prairies de la vallée !
C'est là, c'est dans ces excellens pâturages
que, tous les ans, sous les lois des bergers
et la garde des chiens, précédés d'un état-
major de boucs et de chévres, et suivis de
quelques ânes, vivandiers de l'armée, arrivent à la fin de mai et séjournent, pendant
quatre mois, deux ou trois cents mille moutons qui ont quitté les plaines brûlantes de la
Basse-Provence où ils retourneront au commencement de l'automne. Ainsi, dans la
belle saison, ces montagnes solitaires ont
aussi leur population, et offrent aux ama-
teurs bucoliques une esquisse de la vie
pastorale.

Mais vous êtes Champenoise; c'est assez
vous parler de moutons. Revenons dans la
vallée, et allons faire un tour en Piémont.
Nous y voilà : voici la borne de démarca-
tion des deux royaumes : voici le joli lac
de la Madeleine dont la pêche, toutefois,

ne

ne grossit pas beaucoup le budget du royau-
me Sarde , car il ne s'y trouve que des
grenouilles. Cette source que je vois jaillir
un peu plus loin , est celle de la rivière de
la Stura qui va se réunir au Pô, et se jeter
avec lui, dans la mer Adriatique. Nous
pourrions aller coucher , ce soir , à Coni ;
mais on n'est jamais mieux que chez soi :
rentrons en France , Madame , et tout en
cheminant sur le col de la Madeleine , un
des plus beaux passages des Alpes , admirons l'agrément du site qui invite la lyre
du poëte et le crayon du peintre. Admirons
la verdure et l'effet magique des montagnes, l'aspect riant de la vallée et l'air pur
qui la vivifie. On sent ici ses forces vitales
redoubler : on y respire la santé , le calme
et le bonheur. Quelques gens armés , cependant , circulent sur la route ; mais n'en
soyons point inquiets : ce sont des doua-
niers, dont les postes multipliés sur cette
frontière , veillent aux intérêts de notre
commerce et de nos manufactures.
Mais quelles sont ces odeurs suaves que
les zéphirs apportent jusqu'à moi et qui
pénètrent tous mes sens ? D'où viennent-

elles ? Du beau vallon de Lauzanier. En-
trons-y, Madame, et admirons cet autel
de la nature sur lequel, tous les ans, Flore
épanche sa corbeille. Mais ce n'est pas la
Flore Parisienne, (ou *Flora Parisiensis*,
car, en fait de botanique, il est du bon
ton, il est de rigueur de parler latin) ;
c'est la Flore des Alpes, Déesse capricieuse
et charmante, dont les trésors sont inconnus aux autres parties de la terre, et qui
se plait à les épandre dans des lieux où
ses amans seuls viennent les chercher.
Vous dirai-je toutes les plantes qu'on voit
dans ce riche vallon, immense tapis où les
couleurs sont tellement variées, tellement
multipliées, qu'il semble que chaque brin
d'herbe ait sa fleur ? Vous ferai-je une
froide nomenclature de toutes ces fleurs
dont le riant spectacle agit si agréablement
sur mes sens et sur mon imagination ? Non,
Madame ; je ne veux pas réfroidir la vôtre.
Eh ! que vous importent les noms, d'ailleurs
assez barbares, de ces plantes, de ces fleurs
que vous ne pouvez voir que sur les Alpes ?
C'est là que se trouve tout ce que la botanique offre de plus rare, de plus précieux :

Et , par une espèce de phénomène , c'est
dans les crévasses des rochers , c'est sous
les neiges et les glaces que croissent toutes
ces merveilles ! Amans des fleurs , brisez
vos serres , vos poëles , vos thermomètres ,
et venez dans les Alpes !

En remontant ce beau vallon bordé de
collines, autres pelouses émaillées de fleurs,
et au haut desquelles roulent , comme des
avalanches , les troupeaux de moutons
attirés par l'odeur du gazon , j'arrive , par
un sentier assez ardu , sur un plateau entouré de rochers ; et , soudain , apparaît à
mes yeux , comme par enchantement , un
grand lac dont les eaux calmes et limpides
répètent le bel azur des cieux. Quel con-
traste frappant ! une herbe fraiche et fleurie
environne les bords du lac : les feux du
soleil font regretter l'ombrage des arbres ,
et les rochers circulaires offrent, dans leurs
cavités et sur-tout sur leur sommet , des
neiges qui , peut-être , sont là depuis un
siècle ! Le calme du lieu n'est interrompu
que par le bruit du torrent qui s'échappe
de la montagne et va sillonner le vallon ,
ou par le sifflet aigu de la marmotte qui

habite ces déserts. Au loin , j'aperçois, planant sur les rochers, l'aigle des Alpes qui cherche sa proie , et sur leur cime , des bandes de chamois qui s'élancent par-dessus les précipices avec une légéreté et une assurance inconcevables. Mais un heureux hasard vient m'offrir une rencontre plus agréable : je vois arriver au lac de Lauzanier , rendez-vous ordinaire de tous les étrangers qui visitent la vallée , plusieurs voyageurs avec qui j'ai bientôt fait connaissance , et qui s'empressent d'étaler à mes yeux les conquêtes faites sur la contrée qu'ils viennent d'explorer.

L'un montre sa riche moisson de fleurs qu'il se dispose déjà à ranger dans son herbier. L'autre fait briller aux rayons du soleil les cristaux qu'il vient de détacher de la roche , et les échantillons de quartz et et de spath dont abondent ces montagnes qui recèlent dans leurs entrailles toutes les richesses du règne minéral. Celui-ci , armé de son réseau conique , en retire avec précaution des papillons jusqu'alors inconnus, et qui étonnent par l'éclat et la variété de leur parure. Celui-là , chasseur non moins heureux , ôté de sa carnassière une perdrix blanche et un lièvre de même couleur qui doivent figurer , avec distinction , dans son cabinet d'histoire naturelle.

Cependant les précautions sont prises : on étale sur le gazon un repas où brille une belle truite saumonée pêchée dans le lac même. Bientôt un vigoureux appétit a tout fait disparaître ; et , pour activer la digestion , nous gravissons gaîment , et en piétinant sur la neige , les rochers escarpés qui sont devant nous.

Vous n'avez pas oublié, Madame , que depuis que j'ai quitté St-Vincent , point de départ de mon voyage dans la vallée de Barcelonnette , j'ai toujours *monté*. Vous reconnaîtrez la justesse de cette expression locale , lorsque vous saurez que , parvenus au haut du rocher , nous allons nous trouver à huit mille pieds au-dessus du niveau de la mer : ce qui assurément est une belle hauteur , pour une montagne du département des *Basses*-Alpes.

Enfin , après avoir passé près d'une croix , sentinelle du désert qui rappelle le souvenir de la divinité , là où l'on com-

mence à oublier les hommes, nous arri-
vons sur la crête du rocher, un peu essou-
flés, et ayant soin de couvrir nos poitri-
nes, pour les garantir de l'extrême vivacité
de l'air. Quel magnifique spectacle se déploie
à nos regards ! Où êtes-vous, Lord Byron !
vous dont l'imagination errante ne se plaît
que dans les régions aëriennes ? Où êtes-
vous, pompeux auteur du *Solitaire*, qui,
dans votre prose ambitieuse, nous peignez
ces pics décharnés que vous appelez poëti-
quement *Les squelettes de la nature*, et
qu'avant vous Delille appelait *vieux osse-*
mens du monde ? Où êtes-vous, mystérieux
auteur de *Jean Sbogar* ? Où êtes-vous,
fantasques amans du genre romantique ?
Venez, c'est ici votre domaine. Peut-être
l'horizon va se charger de brumes conden-
sées qui déroberont à vos regards les mon-
des créés : peut-être, sous vos pieds, va se
former un sublime orage. Le clairon des
tempêtes vous appelle. Dans l'humide vapeur
des nuages, venez tremper vos plumes
inspirées, et, à la lumière sillonnante de
l'éclair, faites-nous ces belles descriptions
dont le vague nous crispe, nous fait tom-

ber en de douces extases, et nous procure toutes les jouissances de la mélancolie!

Quand on est sur la cime des montagnes, on se sent pénétré d'une espèce de terreur religieuse, et l'on ne devrait faire d'invocations qu'au grand auteur de l'univers. Mais celle que je viens d'adresser à ces messieurs m'est commandée par la reconnaissance que je leur dois et par la vive émotion que j'éprouve. Je suis dans les airs, je nage dans le vide, et je deviens tour-à-tour *Ossian* et M. le Vicomte d'*Arlincourt*. Cependant, mes compagnons de voyage m'arrachent au charme de mes rêveries qui leur paraissent un peu *tudesques*. J'allais voler dans l'Empyrée : ils me ramènent à terre, et me forcent d'examiner les détails de l'immense Panorama que j'ai devant les yeux.

S'il était possible de supposer des bornes à l'œil et à la pensée de Dieu, on serait tenté de croire que, lorsqu'il créa la terre, il forma les Alpes, exprès pour y venir contempler son ouvrage. Moi, faible mortel, je suis sur un seul point, et j'aperçois par delà tout cet amas de montagnes, au

sud ; la méditerranée qui est à vingt lieues
de moi ; à l'est, le Mont-Viso , ce géant
qui domine tout le Piémont ; au nord, les
sommités des montagnes des Hautes-Alpes
et de la Savoie, et peut-être le grand Saint-
Bernard , dont le sommet se perd dans le
vague de l'horizon. Sur tous ces vieux
monts qui , dans le lointain , se dessinent
en amphithéâtre , et qui se terminent , les
uns en globe sphérique , les autres en
aiguille pyramidale , je vois :

> Ces éternels glaciers , ces neiges éternelles
> Que le vent du midi touche envain de ses ailes.

Et pour reposer ma vue de leur blancheur
éblouissante , j'ai besoin de la ramener sur
la verdure des montagnes pastorales qui
m'environnent.

Il faudrait , Madame , un autre cadre
qu'une simple lettre , pour peindre ce que
la nature a de plus hardi , de plus majes-
tueux. N'oublions pas , d'ailleurs , que dans
mes descriptions , je ne dois pas embrasser
toute la chaîne des Alpes , et que mes
engagemens se bornent à vous entretenir
de la vallée de Barcelonnette.

Vous venez de la parcourir d'un bout à
l'autre.

l'autre. Il me resterait, cependant, à vous
parler des villages d'Allos et de Fours qui
en dépendent, quoique formant une contrée particulière, enfermée dans des montagnes ; mais, après les divers tableaux que
je viens de placer sous vos yeux , quel intérêt pourrait vous inspirer la description
d'un pays qui , à l'exception d'un lac immense et de quelques sites heureux , né
présente qu'un spectacle dépourvu d'agrément ? Non , Madame ; après vous avoir
amenée dans des lieux charmans , après
vous avoir promenée sur des fleurs , je
n'aurai pas la barbarie de vous traîner de
rocher en rocher , de précipice en précipice , dans une contrée où les chemins
sont tellement escarpés et périlleux , qu'en
les parcourant, l'habitant lui-même ne peut
se défendre d'un sentiment de frayeur.
Aussi toute communication est elle interrompue entre Allos , Fours et les villages
voisins, pendant la longue saison de l'hiver.

L'hiver ! hélas ! Madame, lorsque vous
recevrez ces lettres , l'hiver aura déjà commencé pour la vallée de Barcelonnette !
Bientôt les prairies , les vallons seront dé-

6

pouillés de leur riante verdure : les fleurs
n'existeront plus. Tout ce beau pays que
nous venons de parcourir , aura perdu son
enchantement. Ici , la nature brille de tous
ses charmes ; mais elle ne brille qu'un ins-
tant. Encore quelques semaines ; les montagnes , les vallons , les maisons n'auront
qu'une même parure, celle de la neige sous
laquelle la vallée entière sera ensevelie pendant sept ou huit mois. Cette triste unifor-
mité ne sera interrompue que par la nudité
des flancs coupés à pic de quelques rochers,
et par la verdure noirâtre des mélèzes qui ,
secoués par les vents , sembleront vouloir
affranchir leur immortelle chevelure des
frimats qui l'assiègent. On ne connaît ici ni
printems , ni automne. Les deux autres
saisons se succèdent sans intervalle , et
l'hiver malheureusement remplit les trois
quarts de l'année. Triste image de la vie où
l'on compte quelques beaux jours et beaucoup d'autres pleins de nuages !

TROISIÈME LETTRE.

Dans mes précédentes lettres, Madame, je vous ai fait connaître la belle vallée de Barcelonnette. Il me reste à vous parler de ses habitans. Quelle chute ! tout à l'heure, seul avec la nature, je contemplais ses grands effets, ses contrastes frappans, ses accidens variés, ses beautés magiques, et jusqu'à ses horreurs qui me pénétraient d'un saint respect. Et voilà qu'il me faut abandonner ce magnifique spectacle empreint de la grandeur divine, pour voir le tableau mesquin de l'humaine faiblesse. C'est passer de l'infiniment grand à l'infiniment petit. Si du moins je retrouvais ici cette aimable simplicité de mœurs décrite par Gessner et Florian, et dont la peinture intéresse, même sur les théâtres des villes les plus corrompues, la transition serait moins brusque ; car il y a une espèce d'analogie entre l'aspect des montagnes et l'innocence de la vie pastorale. Mais ce n'est plus que dans nos romans et dans nos jeux scéniques

qu'on retrouve les mœurs du premier âge.
C'est là que se sont réfugiés avec leur hou-
lette et leurs rubans , les Estelle , les Gala-
tée , les Blaise et Babet , les Rose et Colas ,
les Colins et les Colettes : et depuis long-
temps , *La Bergère des Alpes* a quitté les
montagnes et les vallons , pour aller habi-
ter les coulisses de l'opéra-comique. Enfin ,
ne pouvant ramener les hommes à leurs
anciennes vertus , il faut bien les admettre
avec leurs nouveaux principes. C'est , je
crois , ce qu'on appelle marcher avec le
siècle. Marchons donc ;

Prenons tout doucement les hommes comme ils sont ,

et voyons-les avec les yeux de l'indulgence.
Je vous parlerai peu des habitans de
Barcelonnette : à chaque trait, vous diriez :
C'est tout comme chez nous. Les mœurs de
toutes les petites villes se ressemblent , et
restent presque toujours les mêmes : cela
est si vrai que l'esquisse qu'en a tracée
Labruyère , il y a plus d'un siècle , est
encore aussi fidèle , et peut recevoir une
application aussi générale que le tableau
plus détaillé qu'en a fait M. Picard dans sa
jolie comédie. Les petites villes offriront

toujours quelque aliment à la malignité
des auteurs, parce que les petits ridicules
y existeront toujours, et seront toujours
le fruit d'un amour-propre mis en mouve-
ment par le contact des sociétés de *l'endroit.*

Il n'en est pas de même de la campagne,
dont l'habitant, vivant seul et pour lui seul,
conserve, dans ses mœurs, dans sa manière d'être, une physionomie héréditaire,
un caractère particulier, qui peuvent, à
la longue, éprouver quelque altération,
mais dont l'empreinte reste toujours. Cette
physionomie, ce caractère, varient selon
les lieux, parce que c'est des lieux qu'ils
ont reçu leur type primitif. Voyez l'habitant
des Alpes : obligé de cultiver un sol ardu
et ingrat ; et de réparer, à force de travail,
les dégâts qu'éprouve sa propriété, il devient nécessairement fort, actif et labo-
rieux ; et, comme le produit de son travail
suffit à peine aux besoins de sa nombreuse
famille, il est sobre, économe et peut-être
un peu intéressé. Les dangers de toute
espèce qui menacent sa récolte entretien-
nent en lui l'idée d'une providence pré-
servatrice, dont il croit devoir appeler la

protection par des actes de piété. Le voilà
religieux par crainte et par besoin : il construit sur les chemins des croix et de petits
oratoires ; il accompagne les processions
qui, tous les ans, se rendent solennellement
sur le sommet des plus hautes montagnes.
Il se fait recevoir dans une confrérie religieuse, persuadé qu'il est que cela attirera
sur lui les faveurs du ciel. Je ne veux pas,
au reste, examiner à fond si ces actes, qui
se perpétuent d'âge en âge, ont conservé
leur premier caractère, ou s'ils n'ont pas
dégénéré en simple usage. Il me suffit de
voir le principe qui leur a donné naissance ;
et j'ai du plaisir à penser qu'il est encore
quelques contrées où la religion a conservé
son empire.

Un autre trait bien distinctif qui carac-
rise les habitans de la vallée de Barcelonnette, sur-tout dans la partie haute, et qui
procède encore de la nature des lieux,
c'est le goût presque général qu'ils ont
pour l'étude.

Je vous ai dit que, pendant plus de la
moitié de l'année, cette vallée est ensevelie sous la neige : les travaux de la terre

sont interrompus , et comme dans cette
contrée il n'existe aucun établissement in-
dustriel , les bras s'y trouvent pour ainsi
dire paralysés ; alors les familles se retirent
dans des étables , seul endroit des habitations où le froid excessif ne se fasse pas
sentir , et qui , dans la ville même , deviennent les salons d'hiver. Là , pendant
que les femmes filent ou tricotent , les
hommes font des lectures parfois inter-
rompues par les cris des mulets , des ânes,
des vaches et des chèvres , réunis dans le
même local. Ces passe-temps littéraires en-
tretiennent dans la vallée quelque instruction , qui reçoit un nouveau développement
de l'éducation des enfans qu'on envoie au
collége de Barcelonnette. C'est un spectacle
vraiment intéressant que tous ces enfans
qu'on voit , dans la rigueur de l'hiver , et
sur des chemins de neige et de glace , re-
tourner de la ville au village , en étudiant
leur leçon ou méditant leurs auteurs. Les
bienfaits de cette éducation classique étaient
dus autrefois à des Doctrinaires établis à
Barcelonnette ; mais la révolution , avec
ses idées destructives , arriva et fit dispa-

raître les Doctrinaires, ainsi que les Béné-
dictins, autres bienfaiteurs de la vallée,
qui leur devait le défrichement d'une grande
partie des terres. Alors le bruit des armes
remplaça le calme des études, et le siècle
des lumières faillit plonger l'esprit hu-
main dans une nuit éternelle. Toutefois,
l'éducation des jeunes gens s'est relevée
dans la vallée, et devient, pour la plupart,
une source de prospérité. C'est le collége
de Barcelonnette qui alimente le séminaire
du diocèse, et tous les ans s'accroit le
nombre des familles qui s'honorent d'avoir
donné le jour à un ministre des autels.

On pourrait s'étonner de ce que, jusqu'à
présent, cette tendance vers l'étude n'ait
produit, dans le pays, aucun homme vé-
ritablement célèbre; mais l'instruction, qui
n'est pour les uns qu'un besoin de s'occu-
per, pour les autres qu'un moyen de par-
venir, n'est jamais portée bien loin, et ne
fait plus de progrès lorsque le but est atteint.
Au moins il en résulte que la vallée de
Barcelonnette est la partie des Alpes où
l'on connaît le mieux les langues latine et
française, quoique, dans le langage fami-
lier,

lier, on y parle toujours l'idiôme du pays ;
patois provençal entremêlé de mots fran-
çais et italiens. Il en résulte aussi que les
habitans qui , comme tous les hommes ,
cherchent à tirer parti de leurs connaissan-
ces dans le sens de leurs intérêts , sont
plus éclairés que les autres sur les lois qui
concernent la propriété. Ils connaissent
presque tous le code civil , qui est leur
lecture favorite , et pourraient , au besoin ,
rédiger quelques actes judiciaires. Gela leur
donne , il est vrai , quelque goût pour la
discussion et même pour la chicane ; et
c'est sans doute pour cette raison que leurs
voisins les appelent les *Avocats*. Plus généralement on les appelle *Gavot* (montagnard), dénomination dont quelques-uns
se glorifient , parce qu'ils voient dans les
cinq lettres qui composent ce mot , les
initiales des mots latins qui expriment les
cinq sens , dont ils prétendent posséder
mieux que d'autres la finesse : c'est avoir la
conscience de son propre mérite. Au reste ,
si cette prétention n'annonce pas une très-
grande modestie , elle est un peu justifiée
par le proverbe provençal : *Dans le gavot ,*

7.

il n'y a de grossier que l'habit..... Le fait
est qu'il y a généralement dans la vallée
de l'instruction et de l'esprit, qui se font
remarquer davantage dans la classe plus
élevée. On voit même au chef-lieu des personnes qui s'occupent de littérature avec
intérêt, et en parlent avec agrément. Il s'y
trouve aussi (où ne s'en trouve-t-il pas ?)
quelques poëtes qui font assez facilement
des vers médiocres. Il s'y était formé ré-
cemment une espèce de société littéraire ;
mais les bonnes choses ont toujours de la
peine à prendre : la société est à-peu-près
dissoute, et les discussions polémiques ont
cessé. Je ne vous dirai pas si *le combat a
fini faute de combattans.*

L'amour de l'étude n'enrichit pas ; souvent même il conduit à l'hôpital ceux qui
en sont possédés. Dans un pays pauvre,
où le travail seul fait vivre, et où cependant on se trouve dans une inaction forcée
pendant une grande partie de l'année, ce
serait une faible ressource qu'un livre.
Aussi, Madame, ce que je viens de dire
ne peut s'appliquer à cette foule de mal-
heureux qui n'ayant presque rien récolté

dans l'été, ne peuvent , comme la fourmi,
faire des provisions pour l'hiver : la misère , le besoin , les forcent de quitter un
pays où leurs bras seraient inutiles. Ils
émigrent ; mais cette émigration n'a rien
de douloureux ; le retour est certain. Sur
une population de dix-huit mille habitans ,
il se délivre annuellement dix-huit cents
passe-ports à ces pauvres montagnards dont
une partie va chercher du travail dans les
champs de la Basse-Provence , et dont l'autre se répand dans l'intérieur de la France
et jusque dans la Hollande , trouvant des
moyens d'existence dans le produit d'un
petit commerce ambulant , ou dans la cu-
riosité et la bienveillance du public , qui ,
pour quelques liards , et souvent pour rien ,
entend l'orgue ou la vielle, et voit la lan-
terne magique ou la marmotte en vie.
Quelques-uns , comme les enfans de l'Au-
vergne et de la Savoie , exercent la profes-
sion de ramoneur , décrotteur ou commissionnaire, et , comme eux , se font remarquer par leur sobriété , leur économie et
leur grande fidélité.

Tous ces émigrés , partis de leur village
dans le mois d'octobre , y reviennent au

commencement de juin , et rapportent, chacun , un petit bénéfice qui forme une grande partie de l'argent qui existe dans la vallée. Ils paient leurs contributions , font leur récolte , ensemencent leurs champs , et repartent pour recommencer leur vie errante , qui souvent se continue jusque dans l'âge de la vieillesse. Quelques-uns cependant , après quelques années , finissent par se fixer dans les pays qu'ils fréquentent , et ne reparaissent plus dans la vallée. On évalue à un cinquième environ le nombre de ceux que la mortalité ou l'adoption d'une autre patrie enlèvent au pays qui les a vus naître.

Ces émigrations et ces retours périodiques éloignent de la vallée le fléau d'une grande misère ; mais il faut l'avouer , c'est un peu aux dépens des mœurs. Les longs voyages peuvent donner de l'expérience , mais ils ne rendent pas meilleur. Il serait difficile qu'un peuple errant , dont la jeunesse se passe , en grande partie , dans les villes , pût se garantir des dangers de leur fréquentation et de la contagion de leurs vices. Ne soyons donc pas étonnés si l'innocence des mœurs n'a pu se conserver dans la vallée de Barcelonnette ; mais , hâtons-nous de le dire , les malfaiteurs y sont rares ; et les grands criminels encore plus.

Vous concevez , Madame , que dans cette contrée pauvre , sans communications , et où l'on passe une partie de l'année dans les étables , on n'éprouve pas les besoins du luxe. Si les mœurs n'y ont pas conservé leur antique simplicité , on en retrouve encore quelques traces dans le costume des habitans , et dans l'ameublement des maisons. A la ville même , le luxe des meubles est inconnu , et le large fauteuil du grand-père figure toujours avec honneur dans la principale pièce de la maison. Cette simplicité de goût se fait sur-tout remarquer dans les bastides , ou habitations rurales , où les gens aisés passent la belle saison , et qui sont entièrement dépourvues , au-dedans comme au-dehors , de tout ce qu'on appelle objets d'agrément. On n'y voit point ces jolis jardins Anglais qui font le charme des maisons de campagne , aux environs de Paris , et dans l'intérieur de la France ; car , depuis quelques années , la nature elle-même a été assujettie aux caprices de la mode. J'en fis l'observa-

tion à un propriétaire qui me dit : « Voyez
» nos montagnes, nos rochers, nos prai-
» ries, nos rivières, nos cascades : ne
» serait-ce pas folie de vouloir ici rivaliser
» avec la nature, et de tourmenter, à
» grands frais, le terrain, pour obtenir
» en définitive une très-faible et très-mau-
» vaise esquisse du grand spectacle que
» nous avons devant les yeux ? »

Ici, l'économie est une vertu ou plutôt
un besoin indispensable. Les fortunes y sont
médiocres, et les familles y sont nombreuses. Il est rare de les voir dégénérer : plusieurs ont prospéré, et comptent dans quelques grandes villes, principalement à Lyon,
des négocians sortis de leur sein, qui, à
force de sagesse, d'intelligence et de travail, sont parvenus à former des maisons
très-considérables.

Il est dans l'année une époque où toutes
les familles un peu aisées se réunissent entre
elles ; c'est aux fêtes de Noël. Alors, malgré
la rigueur de la saison, malgré les difficultés
des chemins, arrivent, quelquefois de fort
loin, et se réunissent au foyer paternel,
tous ces fils que le sort avait dispersés, et
qui viennent, avec empressement, assister

au grand banquet de famille.: banquet, qui rappelle les Agapes des premiers chrétiens ; car c'est aussi un lieu sacré que l'asile d'un père entouré de ses enfans ! Réunion charmante, qui resserre les nœuds d'une amitié formée par la nature, et qui témoigne le respect porté aux chefs de famille !

En France, chaque province a des usages particuliers qui se rattachent ordinairement aux principaux actes de la vie ; mais la manière de rendre les derniers devoirs aux morts est à-peu-près la même partout. Un cercueil recouvert d'un drap funèbre : voilà le spectacle lugubre et tristement expressif offert aux regards publics, jusqu'au moment où la dépouille inanimée est confiée à la terre. Dans la vallée de Barcelonnette, comme dans presque toutes les Basses-Alpes, la cérémonie des funérailles a un caractère plus effrayant, sur-tout pour les parens qui sont obligés d'y assister. On porte au cimetière, dans un cercueil découvert, les morts revêtus de leurs habillemens et ayant le visage nu. C'est une espèce de honte pour les familles, lorsque les ravages de la maladie ou les convulsions de l'agonie font déroger à cet usage qui, dans tous les cas, offre un specsacle repoussant, et ne sert qu'à confirmer une grande vérité ; c'est que la mort n'est pas belle.

Dans quelques hameaux, et particulière-ment dans ceux de la petite vallée de Fours, après le retour des funérailles, tous les pa-rens et leurs amis se réunissent dans la maison du défunt, pour manger un plat de riz ou de lentilles. J'ai cherché en vain l'ori-gine de ce singulier usage : on n'a pu me l'apprendre ; mais il est d'autant plus remar-quable, qu'il était religieusement suivi dans quelques villes de la Grèce, au temps où Barthelemy y fait voyager son jeune Scythe. Mais, en Grèce, on ne buvait pas *à la santé* du mort ; et c'est par cet étrange toast que, dans les Basses-Alpes, se termine le repas des funérailles !

Il est encore dans cette vallée de Fours d'autres usages aussi bizarres dont je ne vous parlerai pas, parce que, depuis quel-que tems, ils s'altèrent et se remplacent par d'autres plus généralement suivis ; mais il en est qui se maintiennent, et qui vont vous inspirer une juste indignation. Dois-je vous apprendre, Madame, que dans cette

petite

petite vallée où les neiges, les glaces, et
par conséquent la misère et les émigrations
sont plus considérables qu'ailleurs, et où,
pendant l'hiver, il ne reste plus que les
vieillards, les enfans en bas âge et les femmes, celles-ci demeurent chargées de tous
les détails de la culture ? Dois-je vous dire
que ces infortunées sont souvent obligées de
remplacer les bêtes de somme, et de porter
sur leur dos un ignoble engrais dont elles
ne peuvent confier le transport à ces animaux, dans des sentiers escarpés que la
neige et la glace rendent encore plus périlleux, et qu'elles-mêmes ne parviennent à
gravir qu'à l'aide de larges raquettes qu'elles
adaptent à leur chaussure ? Dois-je vous
dire enfin, qu'au retour de leurs époux,
elles continuent leurs travaux agricoles,
tandis que ceux-ci, seigneurs du logis, se
reposent indolemment des prétendues fatigues de leur voyage ? Je ne vous ferais pas
des aveux aussi outrageans pour votre sexe
et pour le nôtre, si je ne devais ajouter que,
dans leurs pénibles fonctions, ces femmes
acquièrent une force, une santé et une
fraîcheur qui seraient enviées par les petites

8

maîtresses de la chaussée d'Antin. Toutefois, pour vous réconcilier avec les Four-
naisiens, je vous dirai que, pendant l'in-
terrègne, il s'en trouva, à Gand, huit ou
dix qui, tous les soirs, prenaient leurs ins-
trumens, et allaient jouer quelques airs
sous les fenêtres du palais qu'habitait le Roi.

Il en est des habitans de la vallée de Barcelonnette comme de la vallée elle-même.
C'est dans la belle saison de l'été qu'il faut
les voir : un ciel superbe, un air vif et pur,
les font sortir de l'espèce d'engourdissement
où ils ont resté plongés pendant le long
hiver. C'est alors que la population, aug-
mentée par le retour des absens, et dissé-
minée sur les montagnes, se livre avec
ardeur aux travaux de la campagne qui ré-
clament tous ses soins. Comme la nature,
cette population devient vive et riante. La
jouissance d'une douce température dont on
a été privé si long-temps ; la longueur des
jours qui permet quelque repos, même au
sein du travail ; l'aspect d'une abondante
récolte qui va indemniser de tant de peines,
et sur-tout, après une longue séparation,
la réunion de tous les membres de la famille, tout est plaisir alors, et tout le démon-

tre. C'est sur·tout aux *vogues* ou fêtes de
village que se témoigne le bonheur de ces
braves gens : ils semblent avoir le sentiment
de sa courte durée , car ils s'y livrent tout
entiers , et en jouissent en conscience. Le
costume un peu moins rustique des hommes , la mise un peu plus soignée des femmes , le chapeau de paille des jeunes filles,
et un petit air de coquetterie que l'on trouve
même dans les villages des Alpes , tout annonce un jour de fête , et la part que chacun
veut y prendre. La santé, la gaîté , animent
tous ces visages colorés , quoiqu'un peu
brunis par le soleil , et qui tous laissent en-
trevoir des dents d'une régularité et d'une
blancheur admirables : précieux effet de
l'excellence des eaux qu'on trouve dans ces
montagnes, et qui sont la seule boisson de
la plupart des habitans. Mais dans ces jours
extraordinaires la sobriété compose avec le
plaisir : les outres se vident , et Bacchus
joue son rôle au milieu des danses et des
parties de boule.

« *Laissez ce pauvre peuple secouer sa*
» *misère* » , disait M. de Soanen , évêque
de Senez , à des rigoristes qui l'invitaient à

proscrire la danse dans son diocèse. J'imiterai ce digne prélat des Basses-Alpes ; et puisque j'ai amené les habitans de la vallée de Barcelonnette à une fête champêtre, je les laisse jouant, dansant, buvant et chantant ; car dans ces villages, on a le bonheur de ne pas lire les journaux, on ne connaît point les débats parlementaires, et tout finit encore par des chansons.

Et moi, Madame, je finis par recommander à vos bontés mon petit commissionnaire qui va partir, et qui, comme je vous l'ai dit, doit vous porter mes lettres dans sa boîte à marmotte. Le paquet sera plus gros que je ne croyais : on vient de me remettre le *Voyage dans la vallée de Barcelonnette*, par M. le Comte de Villeneuve-Bargemont, Préfet des Bouches-du-Rhône : je vous l'envoie. Si je l'avais eu plutôt, peut-être aurais-je gardé le silence ; mais ce qui est écrit, est écrit : mes lettres partiront. Au reste, vous pourrez juger si j'ai dit la vérité, et comment je l'ai dite : vous allez avoir entre les mains des pièces de comparaison.

F I N.

www.ingramcontent.com/pod-product-compliance
Lightning Source LLC
LaVergne TN
LVHW022025080426
835513LV00009B/882